DELETE

SHIRLEY WILLIS nació en Glasgow, Escocia. Ha trabajado como ilustradora, diseñadora y redactora, principalmente de libros para niños.

BETTY ROOT era la Directora del Centro de Lectura e Información sobre el Lenguaje de la Universidad de Reading, Inglaterra durante más de 20 años. Ha trabajado con numerosos libros para niños, incluyendo obras de ficción y literatura fuera de la novelística.

PETER LAFFERTY era maestro de ciencias de una secundaria. Desde 1985 se ha dedicado a escribir libros de ciencias y tecnología para niños y para la lectura en casa. Ha redactado y contribuido a varios diccionarios y enciclopedias científicos.

REDACTORA: KAREN BARKER SMITH
AYUDANTE DE REDACCIÓN: STEPHANIE COLE
ESPECIALISTA TÉCNICO: PETER LAFFERTY
ESPECIALISTA DEL LENGUAJE: BETTY ROOT

UN LIBRO DE SBC, CONCEBIDO, REDACTADO Y DISEÑADO POR
THE SALARIYA BOOK COMPANY, 25, MARLBOROUGH PLACE,
BRIGHTON, EAST SUSSEX BN1 1UB, REINO UNIDO.
© THE SALARIYA BOOK COMPANY LTD MCMXCIX

PRIMERA EDICIÓN ESTADOUNIDENSE 1999, POR FRANKLIN WATTS
GROLIER PUBLISHING CO., INC., 90 SHERMAN TURNPIKE, DANBURY CT 06816

ISBN 0-531-11845-2 (LIB. BDG.)
ISBN 0-531-15995-7 (PBK.)

VISITE A FRANKLIN WATTS EN EL INTERNET A: HTTP://PUBLISHING.GROLIER.COM

GROLIER
PUBLISHING

La documentación de catálogo que corresponde a este título se puede obtener de la Biblioteca del Congreso de los EE.UU.

LOS ESTUPENDOS

ÍNDICE GENERAL

Dondequiera que veas este símbolo, pídele a una persona mayor que te ayude.

LOS ESTUPENDOS
DIME CÓMO FLOTAN LOS BARCOS

Escrito e ilustrado por
SHIRLEY WILLIS

W
FRANKLIN WATTS
Una División de Grolier Publishing
NEW YORK • LONDON • HONG KONG • SYDNEY
DANBURY, CONNECTICUT

¿FLOTARÁ O SE HUNDIRÁ?

Algunos objetos flotan.
Algunos se hunden.
Algunos objetos parecen
hundirse pero siguen
flotando en el agua.

Un lápiz flota.
Un tenedor se hunde.
Un limón flota en el agua,
aunque parece que la mayor
parte está debajo del agua.

6

¡UNO, DOS, ZAS!

Llena un plato hondo con agua
y coge algunos objetos para hacer
la prueba. Trata de encontrar
objetos de tamaños y formas
diferentes. Algunos pueden ser
pesados y otros pueden ser ligeros.
Busca cosas que sean de materiales
diferentes. Antes de dejar caer un
objeto en el agua, adivina si se
hundirá o flotará.
¿Tenías razón?

¡ZAS!

¡PA!

7

¿SON GRANDES O PEQUEÑAS LAS COSAS QUE FLOTAN?

Si un objeto es ligero, flotará.
Puede ser o grande o pequeño.

¿FLOTARÁ... O SE HUNDIRÁ?

LOS OBJETOS QUE FLOTAN Y LOS QUE SE HUNDEN

Las pelotas de golf y las pelotas de tenis son de la misma forma y casi del mismo tamaño. Si tú las dejas caer en el agua, una de ellas se hundirá y la otra flotará.

La pelota de golf es pequeña, pero es pesada. Se hunde.
La pelota de tenis es pequeña, pero es ligera. Flota.

¿POR QUÉ FLOTA?

Un balón de fútbol es mucho más grande que una pelota de golf, pero el balón de fútbol es ligero. Por lo tanto, flota.

UN BALÓN DE FÚTBOL ES GRANDE, ¡PERO FLOTA!

9

¿PUEDO FLOTAR?

El aire dentro de tu cuerpo te ayuda a flotar. El aire te hace más ligero cuando estás en el agua. Cuando algo está lleno de aire, flota.

ASPIRA

Respiramos con los pulmones. Cuando aspiras, llenas tus pulmones con aire. El aire dentro de ti te ayuda a flotar de la misma manera que las nadaderas te ayudan a flotar.

tus pulmones

10

VAMOS A VER

Toma dos nadaderas e infla una de ellas. Ahora, trata de empujar las dos nadaderas para que se queden debajo del agua. Es difícil hacerlo con la nadadera que está llena de aire.

11

¿POR QUÉ FLOTAN LAS COSAS?

Cuando algo se cae en el agua, el agua trata de repelerlo. La fuerza del agua empuja las cosas hacia arriba.

Si un objeto flota, es difícil empujarlo y hacer que se quede debajo del agua.

¡LA FUERZA DEL AGUA CONTINÚA EMPUJANDO EL OBJETO FUERA DEL AGUA!

12

Si un objeto es ligero, la fuerza del agua puede empujarlo hasta que llegue a la superficie del agua. Flota.

¿VAS HACIA ARRIBA?

Un bloque de madera flota. Si fijas algunas monedas en el bloque, puedes hacer que se hunda. Si sacas las monedas una por una, el bloque volverá a flotar. La madera no se movió sola. La fuerza del agua la empujó a la superficie.

13

¿POR QUÉ SE HUNDEN LAS PIEDRAS?

Una piedra se hunde porque es pesada. La piedra es demasiado pesada para que la fuerza del agua pueda levantarla.

El agua no tiene suficientes fuerzas para levantar la piedra hasta la superficie.

¡UNA MANZANA ES LIGERA!

¡UNA PIEDRA ES PESADA!

14

¡LAS PIEDRAS GRANDES SE HUNDEN!

Todas las piedras se hunden porque son demasiado pesadas para flotar.

¡LAS PIEDRAS PEQUEÑAS SE HUNDEN!

15

¿POR QUÉ SE DESBORDÓ LA TINA?

Si la tina se llena demasiado, se desbordará cuando tú entras para bañarte.

VAMOS A VER

Llena la tina con agua hasta la mitad. Marca el nivel del agua con un creyón de cera. Ahora, métete al agua. Nota lo que pasa con el nivel del agua.

16

Cuando tú entras en la tina, tú ocupas
el lugar donde estaba el agua.
Tu cuerpo desplaza el agua.
Cuando entras en la tina,
el nivel del agua sube.

Cuando un objeto se mete
al agua, desplaza el agua.
El agua y el objeto no pueden
ocupar el mismo espacio al
mismo momento. Por lo
tanto, el nivel del agua sube.

17

¿FLOTAN LOS TÉMPANOS DE HIELO?

Un témpano de hielo es una montaña de hielo que flota en el mar. Solamente se ve la parte de arriba. La mayor parte del témpano de hielo está debajo del agua.

VE CÓMO FLOTA

Llena un vaso hasta la mitad con agua. Ahora, deja caer un cubito de hielo en el agua. Puedes ver cómo la mayor parte flota debajo del agua. El témpano de hielo flota en el mar de igual manera.

¡UUFFFFF!

Si un objeto es l...

El aire dentro
permite que fl...

21

¿ES IMPORTANTE LA FORMA DEL OBJETO?

Un barco ocupa mucho espacio en el agua. El barco desplaza mucha agua.

Cuando el barco desplaza el agua, se crea un movimiento que empuja el barco hacia arriba. Este movimiento es tan fuerte que permite que flote el barco.

¿PUEDES HACER QUE FLOTE?

Necesitarás: Un plato hondo, lleno de agua
Arcilla (dos bolas de igual tamaño)
Una llave

1. Moldea una de las bolas en forma de un barquito y ponla, con cuidado, en el agua.
2. Ahora, pon la otra bola de arcilla en el agua.
3. La una se hunde y la otra flota. ¿Por qué?

El barquito de arcilla flota porque es más ligero (está lleno de aire). Comparado con la bola de arcilla, la forma del barquito desplaza más agua.

Ahora, pon la llave, con cuidado, en tu barquito. ¿Puedes hacer que flote la llave también?

23

¿POR QUÉ SE HUNDEN LOS BARCOS?

Un barco que lleva mucha carga flota, pero la mayor parte está sumergida en el agua. Un barco que está sobrecargado flotará pero estará muy metido en el agua. Si el agua entra en el barco, el barco se hundirá.

Este barco pesa demasiado y flota, pero está muy metido en el agua. Cuando el agua entra en el barco, el peso del barco aumenta y el barco se hunde.

Una marca especial al lado del barco indica cuando el barco se ha bajado demasiado en el agua. La marca se llama la Línea de Plimsoll.

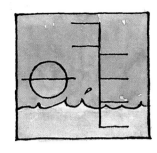

¿CUÁNTO ES DEMASIADO?

Necesitarás: Una cajita de plástico (será tu barco)
Un creyón de cera
Algunas piedritas

1. Haz que flote el "barco" en el agua. Al lado del barco, marca el nivel del agua con el creyón.
2. Pon algunas piedritas en el barco.
3. Marca de nuevo el nivel del agua.
4. Poco a poco, coloca más piedritas. El barco se baja cada vez más.

¿Cuántas piedritas necesitarías para hundir el barco?

¡NOS HUNDIMOS!

25

¿QUÉ ES LO QUE FLOTA Y QUÉ ES LO QUE SE HUNDE?

Un submarino puede flotar o hundirse. Un submarino es un barco que navega o sobre el agua o debajo del agua. Tiene que ser impermeable para que el agua no lo penetre cuando el submarino se sumerge.

Un submarino tiene que cargar
botellas de aire para que su
tripulación pueda respirar.

¡HAY SUBMARINOS QUE
SE QUEDAN DEBAJO DEL AGUA
DURANTE MUCHOS MESES!

¿COMÓ FUNCIONAN LOS SUBMARINOS?

Un submarino puede cambiar de peso. Así, se sube del agua y se baja al agua.

Llena un globo con agua e infla otro globo con aire. ¿Puedes sentir la diferencia?

LOS TANQUES DE LASTRE

Estos son tanques especiales dentro del submarino. Cuando se llenan con agua, el submarino pesa más. Cuando se llenan con aire, el submarino pesa menos.

ESTE GLOBO ES LIGERO. ¡ESTÁ LLENO DE AIRE!

ESTE GLOBO ES PESADO. ¡ESTÁ LLENO DE AGUA!

VAMOS HACIA ABAJO

Los tanques se llenan de agua para hacer que el submarino sea demasiado pesado para flotar. Así, el submarino se hunde.

LEVANTA EL SUBMARINO

Necesitarás: Una botella de plástico
Un tubo de plástico

1. Llena la botella con agua.
2. Mete una punta del tubo en la botella.
3. Con cuidado, pon la botella en un plato hondo que se ha llenado de agua.
4. Sopla en el tubo para que el aire entre en la botella y la levante. Así funciona un submarino.

VAMOS HACIA ARRIBA

Con la fuerza del aire que entra en el tanque, el agua sale. El aire en los tanques hace que el submarino sea tan ligero que flote de nuevo hasta la superficie del agua.

29

GLOSARIO

desbordar	Cuando un líquido se derrama más allá de su depósito.
flotar	Cuando un objeto se queda en la superficie del agua.
hueco	Cuando un objeto está vacío.
hundirse	Cuando un objeto desaparece debajo del agua.
impermeable	Bien cerrado para que el agua no penetre.
ligero	Cuando un objeto pesa muy poco.
Línea de Plimsoll	Una línea en el lado del barco que muestra que el barco está sobrecargado.
nivel del agua	El punto hasta donde llega el agua.
pesado	Cuando un objeto pesa mucho.
pulmones	La parte de tu cuerpo que se infla con aire para que tú respires.
sobrecargar	Cuando se carga demasiado peso.
submarino	Un barco que navega o debajo del agua o en la superficie del agua.
tanques de lastre	Tanque especiales que se hacen más pesados o más ligeros para hacer flotar o hundirse un submarino.
témpano	Un pedazo de hielo muy grande que flota en el mar.

INDICE